MANUAL DO PERDÃO

12 RAZÕES PARA TRANSFORMAR A DOR EM LIBERDADE EMOCIONAL

FÁBIO ALMEIDA

Primeira edição - Janeiro/2024
Categoria: Auto-ajuda
Autor: Fábio Almeida
Projeto Gráfico: Fábio Almeida
Revisão: Wanessa Martinez
ISBN: 978-65-00-92394-0

Sumário

Do autor

É com imensa alegria e gratidão que me apresento a você. Meu nome é Fábio Almeida, e aos 44 anos, minha jornada tem sido marcada por uma mistura vibrante de papéis: sou publicitário, corretor de negócios imobiliários, cristão, sacerdote do lar e um escritor apaixonado.

Minha família é a fonte da minha força e inspiração. Sou pai de um casal de jovens valiosos, que são verdadeiros tesouros em minha vida, e esposo de uma mulher abençoada, uma guerreira de Deus cuja presença ilumina cada capítulo da minha história. Com humildade e honra, apresento este livro a você. Cada palavra aqui é uma peça do quebra-cabeça que molda minha jornada diária. Criar este material foi um desafio que abracei de coração aberto, contudo, cada desafio enfrentado resultou em aprendizado e crescimento pessoal.

Nas páginas que se desdobram diante de você, abordo o tema do perdão de uma maneira que transcende o comum. Exploro 12 razões transformadoras que me conduziram da dor à liberdade emocional, através do ato libertador do perdão.

Este material é meu presente para você, uma oferta de conhecimento e reflexão. Quero que essas palavras não sejam apenas lidas, mas absorvidas, refletidas e, acima de tudo, vividas. O propósito que me motivou a criar este livro é simples: oferecer um novo olhar sobre o perdão, inspirando transformação e libertação emocional.

Gratidão por você estar aqui, e embarcar nesta jornada comigo.

Que cada página seja uma oportunidade de crescimento, cura e descoberta. Estou entusiasmado por saber que, através deste livro, podemos acessar essas 12 razões transformadoras, juntos, proporcionando um caminho rumo à liberdade emocional que todos merecemos.

Com gratidão e carinho,

Fábio Almeida

Dedicatória

Para uma família unida pelo amor e resiliência.
Este livro é um tributo ao poder transformador do perdão que permeia os laços que nos unem como família.

Em cada página, é gravada a jornada compartilhada de crescimento, aprendizado e compreensão mútua.

À minha família **Wanessa, Laryssa e Lucas**, cuja bondade e compaixão são faróis em momentos de escuridão, vocês são o alicerce em que repousa cada palavra deste livro. Cada linha escrita é um testemunho da nossa capacidade coletiva de superar obstáculos e nutrir um espaço onde o perdão e o amor florescem.

Aos momentos de conflito que se transformaram em oportunidades para aprender a arte do perdão, vocês mostraram que o perdão não é apenas um ato de coragem, mas uma bússola que nos guia de volta à harmonia e à paz.

Às histórias de superação, às discussões que se tornaram diálogos de compreensão, e às cicatrizes emocionais que se transformaram em laços mais fortes, este livro é dedicado a cada capítulo de nossa história como família.

Que estas palavras possam ser um lembrete constante do poder do perdão para curar, unir e fortalecer.

Que elas ecoem em nossas vidas diárias, nos lembrando da importância de estender a mão da compreensão e do amor, mesmo nos momentos mais desafiadores.

Gratidão aos meus pais, Osvaldo e Marlene por me concederem a vida e aos ensinamentos que compartilharam com amor, expresso minha eterna gratidão.
Que este capítulo de reconhecimento ecoe não apenas nas palavras, mas também nas ações que busco trazer ao mundo, honrando o legado extraordinário que recebi.
Gratidão aos meus irmãos, Thiago e Júnior por serem meu laço de irmandade.

Com amor e gratidão,

Fábio Almeida

Prefácio

O perdão, para mim, não foi apenas uma escolha, mas a chave mestra que destrancou portas antes inexploradas em minha mente. Ao aprender a praticar o perdão, descobri novas dimensões de mim mesmo que permaneciam ocultas, aguardando pacientemente para serem reveladas.

A verdade é que, muitas vezes, somos os arquitetos das prisões mentais que habitamos.

Ressentimentos, mágoas e sentimentos de injustiça podem se tornar inimigos poderosos, aprisionando-nos em um ciclo interminável de dor.

Minhas dores encontravam espaços em lugares vazios na minha mente, e ali, montavam barreiras de cargas negativas, me aprisionando as mentiras que minha própria mente criava contra mim.

Eu confesso que durante anos, eu era resistente ao perdão, mas percebi que estava preso em uma cadeia sem grades, o inimigo é estratégico; ele quer roubar o nosso tempo, destruir nossas emoções e matar nossa liberdade de evoluirmos, tudo isso acontece na mente.

Descobri que a mente, mente! Para sermos livres e não escravos da mente, não significa fazermos o queremos, mas sim, fazermos o que é preciso ser feito, caso contrário seremos escravos dos nossos próprios desejos, ou melhor, das barreiras negativas da mente.

Não podemos ser escravos livres!

Tudo começa pela mente, aliás, tudo que você está lendo agora, sua mente absorve ou rejeita.

Nossa mente é a maior formadora de cárceres, por isso é necessário a renovação da mente. É através de uma mente liberta que iremos acessar novas e poderosas dimensões no nosso ser.

Nossas vontades precisam ir de encontro com a vontade de Deus em nossas vidas.

Vejo hoje, que o meu processo de vida até agora, foi regido e orquestrado por Deus, pois, se dependesse somente de mim, eu estaria em cárcere até agora.

O maior obstáculo para não seguirmos adiante, somos nós mesmos.

Por isso peço a Deus que dê a você, o espirito de sabedoria e de revelação, para que, ao ler o que se segue, o seu coração e a sua mente seja enriquecido com todas as informações contidas aqui.

Que possamos viver o novo e extraordinário EU e VOCÊ que viemos para ser!

"MINHAS DORES ENCONTRAVAM ESPAÇOS EM LUGARES VAZIOS NA MINHA MENTE, E ALI, MONTAVAM BARREIRAS DE CARGAS NEGATIVAS, ME APRISIONANDO AS MENTIRAS QUE MINHA PRÓPRIA MENTE CRIAVA CONTRA MIM."

Convite

Antes de iniciarmos nesta enriquecedora jornada do perdão, deixo aqui meu convite para você conhecer alguns testemunhos de perdão vividos por mim.
A extensão deste livro, se encontra em minhas redes sociais com valiosos testemunhos que irão testificar o conteúdo aqui descrito.

Nesta imagem, capturamos mais do que um simples momento; registramos um testemunho de renascimento, um capítulo extraordinário do meu casamento. Aqui, não são apenas sorrisos que se revelam, mas a prova vívida do poder transformador do perdão.
Foi o ato corajoso, amoroso e resiliente da minha esposa que desencadeou uma revolução silenciosa em nossa união. Juntos, navegamos por águas tempestuosas, enfrentando desafios e superando adversidades. Foi nessa jornada que descobrimos, de maneira profunda e pessoal, o verdadeiro significado do perdão.

▶ @manualdoperdao

Início

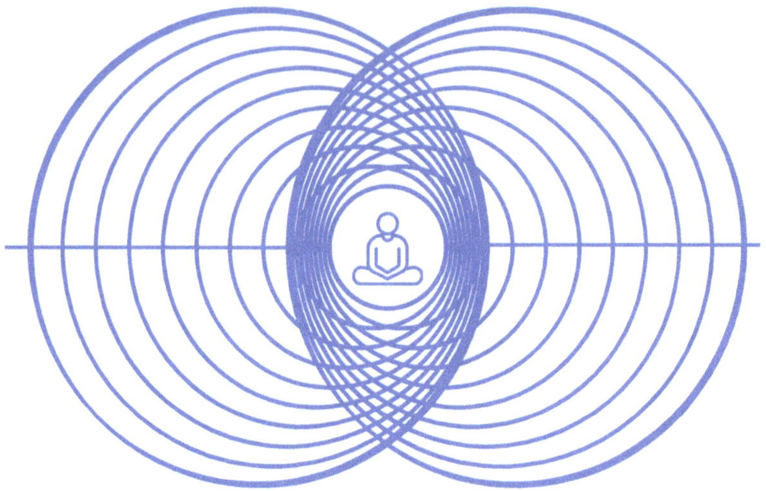

As esferas circulares representam nossa mente, é através
delas que acessamos qualquer dimensão.
As linhas transversais, representam nosso radar,
podemos sintonizar frequências positivas ou negativas
em nossa mente.
A esfera da esquerda, é a parte do nosso cérebro
responsável pela razão, e a esfera da direita,
é a parte do nosso cérebro responsável pela emoção.
A figura central, somos nós, o piloto da sala de comando
destes dois hemisférios.
Temos o poder de governar nossas razões e emoções,
com autodisciplina e liberdade emocional.
Juntas, razão e emoção formam um equilíbrio dinâmico na
mente. É uma dança entre a clareza de pensamento e a
riqueza emocional.
Compreender e abraçar essa interação, é uma jornada de
autodescoberta e crescimento pessoal.

1

Renovando a mente

Foi através da leitura da Bíblia que descobri que era preciso primeiramente renovar minha mente, para poder acessar novas dimensões do meu ser.

Ela é hoje a minha base e está repleta de sabedoria e orientação para levar uma vida plena e significativa.

Entre seus versículos, **Romanos 12:2** se destaca como um poderoso lembrete do poder transformador da mente, nos alertando que esse processo envolve desafiar e remodelar ativamente nossos pensamentos, crenças e atitudes em alinhamento com a verdade e vontade de Deus.

"NÃO SE AMOLDEM AO PADRÃO DESTE MUNDO, MAS TRANSFORMEM-SE PELA RENOVAÇÃO DA SUA MENTE, PARA QUE SEJAM CAPAZES DE EXPERIMENTAR E COMPROVAR A BOA, AGRADÁVEL E PERFEITA VONTADE DE DEUS."

Versículo da bíblia – Romanos 12:2

Mentes renovadas tornam-se sintonizadas e capacitadas para discernir os desejos de Deus para nossas vidas.

Isso nos alinha com sua boa, agradável e perfeita vontade, levando a uma vida que é tanto gratificante quanto significativa.

Eu desejo que todos nós, possamos viver o poder transformador de Romanos 12:2 e experimentar a vida abundante em todas as áreas de nossas vidas, que vem de uma mente renovada.

Creio que se eu não tivesse começado por esta base, não teria escrito uma palavra sequer deste livro.

Meu maior conselho, é que você leia a Bíblia!

Não importa a sua religião, nela estão todas as respostas, ela é o manual da vida.

2

Os benefícios do perdão para o bem-estar emocional e mental

No turbilhão de nossas vidas, a dor é uma companheira constante. Carregamos mágoas, ressentimentos e feridas profundas. No entanto, existe um caminho que muitas vezes subestimamos: **o perdão**. Este ato de coragem não é apenas um gesto de benevolência para com os outros, mas uma jornada transformadora que nutre nossa saúde emocional e mental de maneiras extraordinárias. Imagine-se libertando do peso de antigas feridas, respirando o ar fresco da liberdade emocional. Este é o milagre do perdão, onde eu afirmo que vivencio até hoje.

É uma cura que começa dentro de nós, aliviando o fardo que tanto nos sobrecarrega.

Os benefícios do perdão para nosso bem-estar emocional e mental são vastos e profundos.

Ao perdoar, liberamos amarras que aprisionam nossa própria felicidade. Afinal, o perdão não é sobre absolver a outra pessoa, mas sobre nos libertar do ciclo de dor.

Ao permitir o perdão em nossas vidas, abrimos as comportas para uma torrente de benefícios. Primeiramente, experimentamos uma paz interior que há muito tempo buscávamos.

Aquela raiva corrosiva, o ressentimento e a amargura se dissolvem, dando lugar a um espaço de serenidade e calma.

Além disso, o perdão é uma poderosa terapia para a saúde mental. Estudos demonstram que cultivar o perdão reduz os níveis de estresse e ansiedade, fortalecendo nossa resiliência emocional. Ao liberar o peso do passado, abrimos espaço para a alegria e a positividade fluírem livremente na mente.

Outro benefício notável é a melhoria nos relacionamentos. Quando perdoamos, restauramos pontes quebradas e reconstruímos laços fragilizados. O perdão promove uma comunicação mais saudável, construindo bases sólidas para conexões genuínas e duradouras.

E não para por aí! O perdão é um elixir para a saúde física. Estudos mostram que indivíduos que praticam o perdão regularmente têm menor pressão arterial, fortalecendo não apenas o coração, mas também o bem-estar geral do corpo.

Em resumo, o perdão não é um ato de fraqueza, mas sim um ato de coragem e autotransformação. É um presente que damos a nós mesmos, uma chave que abre as portas para um mundo de possibilidades e liberdade emocional. Permita-se perdoar.

Liberte-se. Transforme-se.

O poder do perdão está em nossa mente, lembre-se:
Somos o piloto da sala de comando mental.

3

Reconstruindo a alma: As fases do perdão

Às vezes, a jornada para o perdão começa com um suspiro, um sussurro silencioso que ecoa dentro de nós. Não é uma estrada fácil, mas é uma estrada que vale cada passo. A jornada do perdão não é apenas uma transição de emoções; é uma transformação interna profunda, uma metamorfose da alma.

Reconhecimento:

A primeira etapa é o reconhecimento. É o momento em que encaramos a dor de frente, sem desvios.
É admitir para nós mesmos que fomos feridos, que carregamos cicatrizes e que elas têm um peso sobre nós. É a coragem de olhar para o abismo da mágoa sem desviar o olhar.
O reconhecimento não é apenas identificar a dor, mas também compreender suas ramificações.
É mergulhar profundamente em nossos próprios sentimentos, sem medo do que encontraremos.
É a base sobre a qual construímos a estrutura do perdão.

Aceitação:

Em seguida, vem a aceitação. Não se trata de concordar com a dor infligida, mas sim de aceitar que ela existe e que faz parte da nossa história.
É o momento de entender que não podemos mudar o passado, mas podemos mudar a maneira como ele nos afeta no presente.

Aceitar não é desculpar o que foi feito, mas sim liberar a nós mesmos da prisão emocional que a mágoa cria. É abraçar a realidade de que somos seres imperfeitos e que todos cometemos erros, inclusive nós mesmos.

Liberação:
E, finalmente, chega a liberação. É o ápice da jornada, o clímax emocional.
A liberação não é um ato único, mas sim um processo contínuo de soltar as amarras emocionais que nos mantêm presos ao passado.
É aqui que exercitamos o verdadeiro poder do perdão.
É desamarrar as correntes do ressentimento e deixá-las cair.
É escolher a liberdade sobre a prisão, a paz sobre o conflito.
Na liberação, não apenas perdoamos os outros, mas também nos perdoamos. É um ato de compaixão para conosco mesmos, um gesto de amor próprio que nos permite seguir em frente com leveza no coração.
Cada fase é um passo crucial, uma pedra fundamental na construção do monumento da paz interior. Na jornada do perdão, cada passo nos leva mais perto do destino final: a serenidade e a alegria de um coração livre e uma mente renovada, alinhados com a vontade de Deus.

4

Redescobrindo a própria luz: O poder do autoperdão

Há um eco silencioso que ressoa nos corredores da alma: **o perdão de si mesmo.**
É um capítulo essencial na jornada do perdão, uma dança sutil entre autocompaixão e autodescoberta. Permitir-se perdoar não é apenas um ato de generosidade consigo mesmo, mas uma transformação interior profunda, uma jornada de redenção e aceitação.

Autocompaixão:

A autocompaixão é um convite à gentileza. É o ato de estender as mãos para o próprio eu ferido, envolvendo-o com a suavidade de um abraço caloroso.
É reconhecer que somos humanos, passíveis de erros, mas também merecedores de amor e compaixão, principalmente de nós mesmos. Neste estágio, cultivamos a habilidade de olhar para nossas falhas e fracassos com olhos ternos, sem o peso do julgamento. É a aceitação amorosa de nossas próprias imperfeições, transformando a crítica interna em uma voz de carinho e compreensão.

Autoperdão:

O autoperdão é a chama da esperança que irradia dentro de nós. É o reconhecimento corajoso de que merecemos nos libertar do peso do passado.
É permitir-se deixar para trás os arrependimentos e as culpas que nos mantêm acorrentados.

É entender que, assim como perdoamos os outros, também merecemos conceder a nós mesmos esse dom precioso. **O autoperdão não é ignorar as consequências de nossas ações passadas, mas sim abraçar a sabedoria que vem com o reconhecimento dos erros e a escolha de seguir adiante com um coração mais leve.**

Ao praticar o autoperdão, transformamos nossas cicatrizes em testemunhas de nossa resiliência. É uma jornada que nos liberta da prisão autoimposta da culpa e nos abre para um caminho de crescimento e amor próprio.

É lembrar-se de que merecemos nossa própria bondade e compaixão, independente do que tenhamos feito ou deixado de fazer. É um ato de amor que nos torna mais completos, mais humanos, mais livres.

O autoperdão não é um destino final, mas uma jornada contínua de redescoberta e aceitação. É um compromisso diário de se presentear com a liberdade de ser quem somos, com todas as nossas imperfeições e grandezas.

É um convite à reconexão com a própria essência, uma jornada para a autolibertação e a autocompaixão.

5

Laços de Liberdade: O Impacto do perdão interno em nossos relacionamentos

Nos recantos mais íntimos de nossos corações reside um poder transformador: o perdão interno.
É a chave que desbloqueia não apenas a paz interior, mas também tece fios invisíveis que fortalecem e renovam nossos relacionamentos externos. A prática do perdão interno não é apenas um ato solitário; é um farol que ilumina o caminho para conexões mais profundas e significativas com os outros.

Liberdade Emocional:
O perdão interno é uma jornada de libertação. Quando perdoamos a nós mesmos pelas falhas passadas, abrimos espaço para uma nova maneira de nos relacionarmos. A libertação emocional que acompanha o perdão nos permite abordar nossos relacionamentos sem o peso das expectativas irrealistas ou da culpa passada.
Essa liberdade nos capacita a nos relacionarmos de forma mais autêntica e generosa, permitindo que nossa energia seja direcionada para construir laços verdadeiros, em vez de ser consumida por ressentimentos ou inseguranças internas.

Empatia e Compreensão:
O perdão interno nos transforma em portadores de uma empatia renovada. Ao compreendermos nossas próprias lutas e falhas, somos naturalmente inclinados a estender a mesma compreensão aos outros. É como se olhássemos através de uma lente mais suave, vendo não apenas as ações dos outros, mas também as razões por trás delas.
Nesta fase descobri, que só fere quem está ferido. Essa empatia ampliada nos capacita a nos colocarmos no lugar dos outros, a compreender suas perspectivas e a nutrir relacionamentos fundamentados na compaixão e na compreensão mútua.

Transformação da Comunicação:
A prática do perdão interno tem um impacto profundo na forma como nos comunicamos. Ao deixarmos para trás o peso das mágoas passadas, abrimos espaço para uma comunicação mais clara e aberta.
Quando estamos livres das correntes do ressentimento, somos capazes de expressar nossos pensamentos, sentimentos e necessidades de maneira mais autêntica e compassiva. Isso cria um ambiente propício para a resolução de conflitos, construção de confiança e fortalecimento dos laços emocionais.

Cultivo da Gratidão e Resiliência:
O perdão interno também nos ensina a cultivar a gratidão. Ao reconhecermos nossa própria jornada de perdão e autodesenvolvimento, tornamo-nos mais conscientes das bênçãos e aprendizados que os relacionamentos nos proporcionam.
Essa gratidão nutre uma resiliência emocional que nos permite enfrentar desafios nos relacionamentos com uma mentalidade mais positiva, ajudando-nos a ver oportunidades de crescimento mesmo nas dificuldades.
O perdão interno não é apenas uma jornada pessoal, mas uma jornada que reverbera em nossos relacionamentos externos. É uma peça fundamental na construção de laços baseados na compaixão, empatia, comunicação genuína e gratidão.
Ao nutrirmos o perdão dentro de nós, criamos um terreno fértil para relacionamentos autênticos e significativos.

6
Laços Inquebráveis: O poder transformador do perdão nos relacionamento pessoais e profissionais

Os relacionamentos, sejam pessoais ou profissionais, são uma tapeçaria intricada de interações, onde o perdão atua como um fio de ouro que tece laços duradouros e resilientes. A dinâmica do perdão nesses contextos vai além de simplesmente deixar de lado mágoas; **é um processo poderoso que fortalece, cura e transforma.**

Confiança e Respeito:

Nos relacionamentos, o perdão é a pedra angular da confiança. Quando escolhemos perdoar ou ser perdoados, estamos restaurando a confiança mútua. É o reconhecimento da humanidade uns dos outros, uma prova de que somos capazes de superar desafios e seguir em frente juntos.
O perdão também nutre o respeito. Ao perdoar, estamos reconhecendo a singularidade e a jornada do outro, mesmo nas situações mais adversas. Isso promove um ambiente de respeito mútuo, onde as diferenças são aceitas e valorizadas.

Comunicação e Resolução de Conflitos:

Nos relacionamentos, o perdão é a chave que destranca a comunicação eficaz. Quando há espaço para o perdão, há espaço para diálogo aberto e honesto. É a capacidade de expressar nossos sentimentos sem medo de julgamento ou retaliação. Além disso, o perdão é uma ferramenta poderosa na resolução de conflitos. Permite que as pessoas superem mal-entendidos, divergências e desacordos, possibilitando que encontrem soluções em conjunto, fortalecendo, assim, os laços existentes.

Crescimento e Inovação:

No ambiente profissional, o perdão é uma alavanca para o crescimento e a inovação. Em equipes onde o perdão é cultivado, há um espaço para a experimentação, o aprendizado com os erros e a criação de soluções novas e impactantes.
A capacidade de perdoar também permite que as empresas se recuperem de falhas, resgatem a confiança e avancem em direção a objetivos comuns. Isso cria uma cultura organizacional resiliente, onde a aprendizagem contínua e a evolução são incentivadas.

Adaptação e Fortalecimento:

Nos relacionamentos pessoais e profissionais, o perdão é o alicerce da adaptação. Permite que as pessoas se ajustem a mudanças, sejam elas externas ou internas. É a capacidade de seguir em frente, reconstruir e fortalecer os laços, mesmo diante de desafios.
Em suma, a dinâmica do perdão é um catalisador para relacionamentos saudáveis e produtivos.
É o elemento que transforma conflitos em oportunidades, erros em aprendizado e divergências em crescimento mútuo. Quando o perdão é cultivado, os relacionamentos se tornam não apenas mais fortes, mas também mais resilientes e enriquecedores.

7

Cicatrizes da alma: Lidando com a dor e mágoas profundas

A dor e a mágoa são as sombras que obscurecem a luz de nossas vidas. São feridas invisíveis que sangram silenciosamente, deixando cicatrizes emocionais que parecem insuperáveis. No entanto, dentro de cada ferida, há uma oportunidade para a cura, para transformar o sofrimento em sabedoria, para encontrar a redenção.

Encarando a Dor de Frente:
Lidar com a dor profunda requer coragem. É olhar nos olhos da angústia e reconhecer sua presença. É permitir-se sentir, sem reprimir, as emoções que a acompanham. Aceitar a dor como parte de nós mesmos é o primeiro passo para a cura.
Aceitar não é render-se à dor, mas sim dar a ela um espaço para ser sentida e compreendida. É mergulhar nas profundezas de nossos sentimentos, enfrentando o desconforto e a agonia com coragem.

Explorando a Origem da Mágoa:
A mágoa profundamente enraizada muitas vezes tem suas raízes em eventos passados. É necessário desenterrar as causas subjacentes, examinar as feridas emocionais com compaixão e compreensão. Isso pode significar revisitar memórias dolorosas, mas é também um caminho para compreendermos melhor a origem de nossa dor. É um processo delicado de autocura, onde reconhecemos o que nos machucou e como isso afetou nosso ser interior.
Permitindo-se o Processo de Cura:
Desvendar as resistências internas ao perdão é o primeiro passo para cura.

Requer a disposição de olhar profundamente para dentro de nós mesmos, enfrentando as sombras e encontrando luz.

É uma jornada que exige autocompaixão, coragem e aceitação. É reconhecer que, ao perdoar, não estamos concedendo um favor aos outros, mas sim a nós mesmos.

É um ato de amor próprio, uma escolha de liberdade emocional e uma jornada para a cura interior.

Quando desvendemos essas resistências, abrimos as portas para um novo mundo de paz e renovação pessoal.

O Poder do Perdão:

A chave para a cura reside no ato de perdoar.

Perdoar não é esquecer ou justificar a dor, mas sim liberar-se das correntes do ressentimento e do ódio, aquelas que se encontram nas barreiras negativas da mente.

É um ato de libertação pessoal que abre espaço para a cura interior.

É a oportunidade de nos libertarmos do fardo emocional que carregamos. É uma jornada que nos permite encontrar paz e redenção, não necessariamente para aqueles que nos feriram, mas para nossas próprias almas.

Lidar com a dor e a mágoa é uma jornada árdua, mas também transformadora. É um processo de autocura que nos leva a um lugar de sabedoria, compaixão e redenção. Cada passo, por mais difícil que seja, nos leva mais perto da luz que brilha além das sombras da dor.

8

Estratégias para restaurar e fortalecer relações por meio do perdão

As relações humanas são tecidas com fios delicados de emoções, expectativas e interações. Quando a teia se rompe por conta de mágoas e desentendimentos, o perdão emerge como uma ferramenta poderosa para restaurar e fortalecer esses laços. Aqui estão estratégias transformadoras para reconstruir relações através do perdão:

Abertura para a Comunicação:
O perdão começa com a abertura para o diálogo. Criar um espaço seguro e acolhedor para a comunicação é essencial. É importante expressar as próprias emoções de maneira respeitosa e ouvir ativamente o ponto de vista do outro.
Uma comunicação aberta e honesta estabelece a base para compreensão mútua, permitindo que ambas as partes expressem suas dores e perspectivas, construindo assim uma ponte para o perdão.

Praticar a Empatia e a Compreensão:
Exercitar a empatia é fundamental para o perdão. Colocar-se no lugar do outro, compreender suas motivações e perspectivas, é um passo crucial para a restauração das relações.

Demonstrar empatia não é apenas compreender, mas também validar os sentimentos e experiências do outro. Isso cria um terreno fértil para a construção de pontes emocionais e para o fortalecimento da empatia mútua.

Aceitação e Reconhecimento do Erro:
Aceitar a responsabilidade pelos próprios erros é um gesto poderoso no caminho do perdão. Reconhecer onde houve equívocos e demonstrar arrependimento genuíno é uma forma de mostrar comprometimento com a restauração da relação.
Assumir a responsabilidade pelos próprios atos demonstra maturidade emocional e disposição para a mudança, criando assim um ambiente propício para a reconciliação.

Construir Novos Acordos e Limites:
Ao restaurar relações, é importante estabelecer novos acordos e limites que considerem as necessidades e preocupações de ambas as partes. Isso inclui discutir e definir expectativas claras para evitar situações semelhantes no futuro. Estabelecer limites saudáveis promove o respeito mútuo e a compreensão das fronteiras emocionais, contribuindo para um ambiente relacional mais seguro e consciente.

Cultivar a Paciência e a Confiança:

O perdão e a restauração de relações não acontecem da noite para o dia. É um processo que exige paciência e tempo de qualidade.

Cultivar a confiança gradualmente por meio de ações consistentes e de uma comunicação contínua é essencial.

É importante lembrar que cada passo, por menor que seja, é significativo na jornada para a restauração das relações.

Restaurar e fortalecer relações por meio do perdão é um ato de coragem e dedicação mútua. Requer esforço, mas também é um investimento precioso na construção de laços mais profundos e resilientes.

Quando o perdão é cultivado, os relacionamentos florescem em um solo fértil de compreensão mútua, empatia e aceitação.

9

Além das barreiras: Desvendando as resistências internas ao perdão

No âmago de nossas almas, encontramos muralhas invisíveis que nos impedem de abraçar o perdão. São resistências profundamente enraizadas, obstáculos internos que nos desafiam a deixar de lado mágoas e desentendimentos. Desvendar essas resistências é uma jornada de autoconhecimento e autotransformação.

Orgulho e Ego Ferido:
O orgulho muitas vezes ergue uma barreira impenetrável ao perdão. O ego ferido nos leva a apegar-nos à nossa dor, alimentando a sensação de injustiça e alimentando a crença de que perdoar é sinal de fraqueza.
Desafiar essa resistência requer humildade.
É a coragem de reconhecer que o orgulho não nos serve, mas nos aprisiona.
É abrir mão da necessidade de ter razão e optar por uma paz interior que vem do perdão.

Medo da Vulnerabilidade:
A vulnerabilidade é um terreno desconhecido para muitos de nós. O medo de sermos magoados novamente nos impede de baixar nossas defesas.
A mágoa do passado cria uma casca protetora que nos mantém distantes e relutantes em nos abrirmos novamente.
Superar esse medo requer coragem. É aceitar que ser vulnerável não é sinal de fraqueza, mas sim de autenticidade e força.

É entender que, ao perdoar, estamos escolhendo nos libertar das correntes da mágoa, não permitindo que ela dite nossas interações futuras.

Que possamos abraçar nossa vulnerabilidade com compaixão e encontrar a libertação que o perdão gentilmente oferece. Nesse encontro corajoso, descobrimos que a verdadeira fortaleza está na aceitação, na compreensão e no poder de cura que só o perdão autêntico pode proporcionar.

Identidade Associada à Dor:

Por vezes, nos tornamos tão familiarizados com nossa dor que ela se torna parte de nossa identidade. A mágoa pode nos definir, moldar nossas crenças e influenciar nossas escolhas. Deixar de lado essa dor pode significar desapegar-se de algo que nos tornamos acostumados a carregar.

Desfazer essa ligação requer autocompaixão.

É reconhecer que merecemos mais do que uma identidade enraizada na dor.

É buscar uma nova narrativa para nossa história, uma que não seja definida pela mágoa, mas sim pela resiliência e pela capacidade de perdoar.

Afinal, somos aquilo que oferecemos e não o que recebemos.

10

Como manter e cultivar a prática do perdão diariamente

A prática diária do perdão é uma jornada contínua, uma escolha consciente que nutre a alma e molda a maneira como interagimos com o mundo. Manter e cultivar o perdão diariamente requer comprometimento e autodisciplina, mas também oferece um caminho para a serenidade e a alegria de viver em paz.

Cultivando a Consciência:

O perdão começa com a consciência. É estar presente no momento, reconhecendo os sentimentos que surgem dentro de nós.

Cultivar a consciência nos permite identificar quando sentimentos de mágoa ou ressentimento começam a emergir.

Seja pela prática da reflexão ou simplesmente da observação consciente, estar atento aos nossos sentimentos nos permite abordá-los com mais compaixão e nos prepara para praticar o perdão.

Aceitando a Natureza Humana:

Aceitar nossa natureza humana é essencial para a prática diária do perdão. Reconhecemos que somos imperfeitos e propensos a cometer erros.

Essa aceitação nos permite ser mais compassivos conosco mesmos e com os outros.

Cultivar essa aceitação requer praticar a autocompaixão. É lembrar-se de que, assim como merecemos perdão, os outros também merecem. Essa aceitação nos ajuda a liberar expectativas irreais e a abraçar nossa humanidade com bondade.

Escolha Consciente do Perdão:
O perdão diário é uma escolha consciente. É uma decisão intencional de liberar ressentimentos, mágoas ou qualquer sensação que nos prenda ao passado.
É reconhecer que, independentemente das circunstâncias, temos o poder de escolher o perdão como uma forma de libertação pessoal.
Praticar essa escolha requer coragem e comprometimento.
É um lembrete diário para nós mesmos de que o perdão não é apenas um evento isolado, mas sim um processo contínuo de libertação e cura.

Gratidão e Fé
A gratidão e a fé são aliados poderosos na prática do perdão diário. Cultivar um estado mental de gratidão nos ajuda a valorizar os aspectos positivos da vida e a diminuir a importância das mágoas.
Ao mantermos um foco nas coisas pelas quais somos gratos, mesmo em momentos desafiadores, estamos fortalecendo nossa capacidade de perdoar e de seguir em frente com mais leveza no coração.
A fé, por sua vez, é a luz que ilumina o caminho adiante. **É a certeza de que mesmo nos momentos mais difíceis, há um Deus guiando nossos passos.**

É a confiança firme de que, no desconhecido, há uma sabedoria maior tecendo os fios de nossa existência. A fé nos permite enfrentar desafios com coragem, enxergar possibilidades onde outros veem apenas obstáculos e encontrar significado em cada capítulo de nossas vidas.

Juntas, a gratidão e a fé formam um elo indissolúvel. A gratidão alimenta a fé, e esta, por sua vez, fortalece nossa capacidade de agradecer. É um ciclo contínuo de reconhecimento e confiança que nos permite viver com propósito, mesmo nos momentos mais desafiadores.

Revisão e Renovação Constantes:
Manter a prática do perdão diariamente envolve revisão constante. É importante dedicar tempo para refletir sobre nossas interações e sentimentos, identificando áreas em que podemos aprimorar nossa capacidade de perdoar.

Essa revisão constante nos permite renovar nossas intenções e ajustar nosso foco, garantindo que o perdão seja um elemento central em nossa vida diária.

Cultivar a prática do perdão diariamente é um compromisso consigo mesmo e com o mundo ao seu redor. É uma jornada para a paz interior que exige autocompaixão, aceitação e uma escolha consciente para liberar o peso do passado. Quando abraçamos essa prática, abrimos as portas para uma vida mais leve, plena de paz e alegria, indo de encontro com a boa, agradável e perfeita vontade de Deus.

11

Exercícios práticos para cultivar o perdão e a compaixão

Leitura bíblica e oração:
Praticar a leitura das escrituras e orar diariamente tornou-se, sinceramente, a âncora que me conecta ao verdadeiro poder do perdão, revelando a extraordinária graça que emana do sacrifício de Jesus.

A oração é uma comunicação direta com o divino, um momento de intimidade e conexão com Deus. É uma oportunidade para expressar gratidão, buscar orientação, encontrar conforto e fortalecer nossa fé. Na oração, encontramos um espaço de silêncio para compartilhar nossos anseios mais profundos, buscando paz interior e força para enfrentar os desafios diários.

A leitura da Bíblia é um mergulho nas sagradas escrituras, uma fonte inesgotável de sabedoria, inspiração e conforto espiritual. Ela nos oferece palavras de esperança, amor, compaixão e fé, além de princípios que guiam nossa conduta ética e moral. Através das palavras escritas, encontramos orientação para lidar com as complexidades da vida, descobrindo lições de perdão, compaixão e humildade.

Portanto, a oração e a leitura da Bíblia são como fontes renováveis de inspiração, sabedoria e conforto espiritual, convidando-nos a explorar a profundidade de nossa fé, a descobrir respostas para nossas perguntas mais íntimas e a encontrar um caminho para uma vida plena e significativa.
Pratique!

Exercício do Diálogo Interno Compassivo:
Promova a prática do diálogo interno compassivo. Reserve para si um tempo todos os dias para dedicar palavras gentis a si mesmos. Encoraje-se a substituir autocríticas por afirmações positivas e compassivas, reconhecendo suas próprias lutas e desafios. Reconheça que tudo você pode, essa terra foi feita especialmente para você, o que fica são os registros que você deixará nas pessoas, o perdão será a sua marca de amor e compaixão.
Mostre-se gigante para as pessoas, **o perdão é uma das características dos fortes.**

Meditação da Compaixão:
Durante alguns minutos, sente-se confortavelmente, feche os olhos e foque na respiração. Em seguida, visualize alguém que você ama profundamente, desejando-lhe amor, felicidade e saúde. Gradualmente, expanda essa compaixão para outras pessoas, inclusive para aquelas com quem houve desafios de perdão.

Roda da Empatia e Reflexão:
Realize sessões de grupo onde os participantes compartilhem experiências pessoais.
Estabeleça uma "Roda da Empatia" onde cada um tem a oportunidade de falar e ser ouvido sem julgamento. Após cada história compartilhada, reserve um momento para reflexão coletiva, incentivando compreensão e empatia mútua.
Pratico sempre em casa!

Declaração de perdão:
Procure um local tranquilo, e se conecte com o seu coração e diga:
Eu, (diga seu nome) decido agora , não levar esse ressentimento adiante. Hoje eu me despeço de toda mágoa, toda tristeza, toda culpa, de todo peso que um dia carreguei. Declaro e decido que mereço ser feliz em nome de Jesus. Amém!

Lembre-se:
Quem não perdoa, está dizendo que suas dores são mais importantes que suas bênçãos.

12

Versículos inspiradores

ENTÃO PEDRO APROXIMOU-SE DE JESUS E PERGUNTOU: "SENHOR, QUANTAS VEZES DEVEREI PERDOAR A MEU IRMÃO QUANDO ELE PECAR CONTRA MIM? ATÉ SETE VEZES?" JESUS RESPONDEU: "EU DIGO A VOCÊ: NÃO ATÉ SETE, MAS ATÉ SETENTA VEZES SETE."

Versículo da bíblia - Mateus 18:21-22

Reflexão:

Em um diálogo profundo, Pedro questionou o Mestre sobre o limite do perdão, perguntando se sete vezes seria suficiente. Contudo, a resposta de Jesus ecoa até os dias de hoje: "Não até sete, mas até setenta vezes sete."

Essa instrução não é um número literal, mas uma chamada para uma generosidade sem fim no ato de perdoar. Jesus nos convida a ultrapassar limites humanos e a abraçar a compaixão divina, que não conhece medidas.

Que possamos adotar essa lição profunda do Mestre e, assim como Ele nos perdoa incansavelmente, possamos também estender esse mesmo perdão a todos ao nosso redor.

Que a generosidade do perdão seja uma marca distintiva de nossas vidas, refletindo a abundância do amor divino.

"PAI NOSSO QUE ESTÁS NO CÉU,
SANTIFICADO SEJA O TEU NOME.
VENHA O TEU REINO. SEJA FEITA
A TUA VONTADE, ASSIM NA
TERRA COMO NO CÉU. DÁ-NOS
HOJE O PÃO PARA ESTE DIA, E
PERDOA NOSSAS DÍVIDAS, ASSIM
COMO PERDOAMOS OS NOSSOS
DEVEDORES. E NÃO NOS DEIXES
CAIR EM TENTAÇÃO,
MAS LIVRA-NOS DO MAL. POIS
TEU É O REINO, O PODER E A
GLÓRIA PARA SEMPRE. AMÉM.

Versículo da bíblia – Mateus 6:9-13

Reflexão:

Tão importante é o perdão na vida humana que Jesus o incluiu na oração do Pai-Nosso.

Na oração do Pai-Nosso, Jesus nos presenteou com um modelo sublime de comunhão com Deus. No centro dessa oração, encontramos uma joia preciosa que resplandece com a importância do perdão na vida humana.

Ao proferir as palavras "perdoa nossas dívidas, assim como perdoamos os nossos devedores," Jesus destacou a importância do perdão em nossa jornada espiritual. Essa inclusão não é um mero detalhe, mas uma lição profunda sobre a centralidade do perdão.

"SUPORTEM-SE UNS AOS OUTROS E PERDOEM AS QUEIXAS QUE TIVEREM UNS CONTRA OS OUTROS. PERDOEM COMO O SENHOR LHES PERDOOU. ACIMA DE TUDO, PORÉM, REVISTAM-SE DO AMOR, QUE É O ELO PERFEITO"

Versículo da bíblia - Colossenses 3:13-14

Reflexão:

A Palavra do Senhor nos orienta a suportar uns aos outros e a perdoar as queixas que possamos ter uns contra os outros. Este é um chamado divino para uma comunhão guiada pelo amor e pela graça. Jesus, em sua infinita compaixão, nos perdoou de maneira completa e incondicional.

Ele nos ensina a perdoar não com base em méritos, mas como um ato de amor que reflete sua própria natureza. Portanto, que nosso perdão ao próximo, seja modelado pelo exemplo sublime de Cristo, que nos perdoou mesmo quando éramos indignos.

"LIVREM-SE DE TODA AMARGURA, INDIGNAÇÃO E IRA, GRITARIA E CALÚNIA, BEM COMO DE TODA MALDADE. SEJAM BONDOSOS E COMPASSIVOS UNS PARA COM OS OUTROS, PERDOANDO-SE MUTUAMENTE, ASSIM COMO DEUS OS PERDOOU EM CRISTO."

Versículo da bíblia - Efésios 4:31-32

Reflexão:

Quem ocupa a mente com a pessoa que o magoa, está tirando o espaço de Deus que o ama.

Deus nos convida a liberar o peso das mágoas, a entregar-lhe nossos fardos emocionais. Ao permitirmos que a mágoa domine nossos pensamentos, estamos, de certa forma, fechando a porta para a ação transformadora de Deus em nossas vidas.

Que possamos, em vez disso, dar lugar ao amor divino que nos sustenta.

Ao escolhermos focalizar nossa mente na graça, na compaixão e no perdão, criamos um espaço sagrado para Deus operar maravilhas em nossa jornada.

"NÃO JULGUEM E VOCÊS NÃO SERÃO JULGADOS. NÃO CONDENEM E NÃO SERÃO CONDENADOS. PERDOEM E SERÃO PERDOADOS.

Versículo da bíblia - Lucas 6:37

Reflexão:

Essa instrução divina nos chama a refletir sobre a natureza da compaixão e do perdão. Ao resistirmos ao julgamento precipitado, abrimos espaço para a graça operar em nossas vidas. Da mesma forma, ao nos guardarmos de condenar, permitimos que o amor divino nos envolva e nos guie.

Que, ao seguir essas palavras de Cristo, possamos ser agentes de misericórdia e reconciliação. Que o perdão que oferecemos seja uma expressão viva do amor de Deus, e que possamos experimentar a beleza de ser perdoados como resultado de nossa prática compassiva.

Que o Senhor nos conceda a sabedoria e a graça para vivermos segundo essas palavras divinas, para que, em nossas ações e relacionamentos, possamos refletir a luz do evangelho e testemunhar o poder transformador do perdão.

"POIS, SE PERDOAREM AS OFENSAS UNS DOS OUTROS, O PAI CELESTIAL TAMBÉM PERDOARÁ VOCÊS."

Versículo da bíblia – Mateus 6:14

Reflexão:

A promessa divina ecoa claramente nas palavras de Jesus: "Pois, se perdoarem as ofensas uns dos outros, o Pai celestial também perdoará vocês."
Essa declaração ressalta a profunda conexão entre o perdão que oferecemos aos outros e o perdão gracioso que recebemos do Pai celestial.
O ato de perdoar não é apenas uma expressão de compaixão, mas também uma via de mão dupla na qual experimentamos o reflexo da misericórdia divina. Quando estendemos a mão do perdão, estamos alinhando nossos corações ao coração do Pai, que nos perdoa abundantemente.
Que essa verdade sagrada inspire nossas ações diárias.
Que sejamos agentes de perdão, canalizando a graça divina para aqueles que nos cercam,
para que assim, possamos experimentar a plenitude do perdão do Pai celestial em nossas vidas.

Gratidão Senhor, por me conduzir até aqui.
Toda honra e glória seja dada ao Senhor.
Fábio Almeida
Continue no Youtube

ANOTAÇÕES

ANOTAÇÕES

ANOTAÇÕES

ANOTAÇÕES

ANOTAÇÕES

ANOTAÇÕES

ANOTAÇÕES

ANOTAÇÕES

ANOTAÇÕES

ANOTAÇÕES

www.ingramcontent.com/pod-product-compliance
Lightning Source LLC
LaVergne TN
LVHW010459200726
843506LV00002B/149